EXAMEN
CRITIQUE
DU COMTE
DE WARWICK,

*TRAGÉDIE DE M. DE LA HARPE, DE
L'ACADÉMIE FRANÇOISE.*

PAR M*****, Auteur de *****, Tragédie reçue
à la Comédie Françoise. (1)

Qu'on vante en lui la foi, l'honneur, la probité ;
Qu'on prise sa candeur & sa civilité,
Qu'il soit doux, complaisant, officieux, sincere,
On le veut ; j'y souscris, & suis prêt à me taire.
Mais que pour un modele on montre ses écrits,
Qu'il soit le mieux renté de tous les beaux esprits,
Comme Roi des Auteurs qu'on l'éleve à l'Empire,
Ma bile alors s'échauffe, & je brûle d'écrire ;
Et, s'il ne m'est permis de le dire au papier,
J'irai creuser la terre, &, comme ce Barbier,
Faire dire aux roseaux par un nouvel organe,
Midas, le Roi Midas a des oreilles d'âne.
BOILEAU, Satire IX.

A AMSTERDAM,

Et se trouve à PARIS,

Chez DUPUIS, Libraire, rue de la Harpe.

M. DCC. LXXX.

---

(1) Si cette Tragédie est agréée par le Comité qu'on vient d'établir
pour examiner de nouveau les Pieces reçues, elle ne tardera pas à être
jouée.

INTRODUCTION.

Vous favez, Monfieur, la promeffe que je vous fis il y a quelques jours de vous envoyer l'analyfe du Comte de Warwick. La voici. Je vous envoie auffi la Pièce, pour que vous puiffiez, au befoin, vérifier mes citations; car je ne ferai pas comme fon Auteur, & la plupart de nos Connoiffeurs en titre, qui après avoir avec privilége rapporté quelques mots d'un ouvrage, fouvent pris au hafard, ajoutent prefque toujours d'un ton décifif, *cela eft divin*, ou, *cela ne vaut rien*; fans fe donner la peine d'indiquer ce qu'ils approuvent ou ce qu'ils rejettent; comme ces Inquifiteurs qui condamnent ou abfolvent les gens fans leur dire pourquoi. Je tiendrai une route différente. Je fuivrai la Pièce exactement & non par lambeaux; & en vous la montrant telle qu'elle eft, vous vous appercevrez des raifons qui m'ont toujours fait regarder cette Tragédie comme une de plus triftes productions qu'il y ait au Théâtre. Vous ne me répondrez pas fans doute avant que de m'entendre, comme M. de C*** vous répondit un jour au fujet d'une pièce femblable; *mais on la joue*; parce que vous favez que les Acteurs font valoir plufieurs pièces qui n'ont d'autre mérite que celui d'être portées fur le Répertoire. Voyons fi Warwick eft de ce nombre.

PERSONNAGES

De la Tragédie du Comte de Warwick.

ÉDOUARD D'YORCK, *Roi d'Angleterre.*

MARGUERITE D'ANJOU, *femme de Henri VI, détrôné.*

ELISABETH.

LE COMTE DE WARWICK.

SUFFOLK, *Confident d'Edouard.*

SUMMERS.

NÉVIL, *Suivante de Marguerite.*

UN OFFICIER.

GARDES.

La Scene est à Londres.

EXAMEN

CRITIQUE

DU COMTE

DE WARWICK,

TRAGÉDIE.

ACTE PREMIER.

SCENE PREMIERE.

Marguerite & Névil, sa Confidente, ouvrent la scene. Névil témoigne sa surprise de voir Marguerite si tranquille.

> Lorsque Edouard enfin heureux par vos désastres
> S'allied insolemment au Trône des Lancastres,

> . . . .

> Quel espoir adoucit votre misere affreuse?

Marguerite fait une petite dissertation sur les divers effets que produit l'espoir de se venger, & avoue que c'est ce qui la retient à la vie.

NÉVIL.

Et comment cet espoir vous seroit-il permis ?
Le Sceptre est dans les mains de vos fiers ennemis.

MARGUERITE.

Un plus doux avenir enfin s'ouvre à mes yeux.
Il faut que devant toi *mon allégresse éclate.*

Elle lui apprend l'amour d'Edouard pour Elisabeth qu'elle sait promise à Warwick.

. . . . Des nœuds secrets
Vont ce soir au Tyran l'enchaîner pour jamais.

NÉVIL.

.... Que dites vous ? eh quoi, lorsqu'aujourd'hui
Il brigue des Français l'alliance & l'appui,
Lorsque pour en donner *une éclatante marque,*
Il offre d'épouser la sœur de ce Monarque,
L'imprudent Edouard . . . .
Prépare à tous les deux cette sanglante injure ?

Oui, dit Marguerite, ce Prince est devenu le rival de son bienfaiteur ; & tu connois l'audace de Warwick, tu le verras bientôt s'élever contre son propre ouvrage.

M'aider à ranimer, *après tant de désastres,*
Les restes expirans du parti des Lancastres.

. . . .
Ou bien si de Warwick la valeur fortunée
Ne pouvoit rien ici contre ma destinée,

Je goûterois du moins le plaisir de voir mes ennemis s'accabler & peut-être se détruire tous les deux. — Tout ce qu'elle dit ici est renfermé dans ces trois vers de M. de Voltaire.

« Mes communs ennemis ciment ma puissance,
» Et prodigues d'un sang qu'ils devroient ménager,
» Prennent, en s'immolant, le soin de me venger.

À la différence près qu'Orosmane parle d'une chose qui existe, & que Marguerite fonde ses conjectures sur un peut-être placé dans l'avenir. Névil lui répond :

> Vous allez tout braver pour servir un époux
> Indigne également.....

Si la rime l'avoit permis, M. de la Harpe auroit mis sans doute comme Racine dans Bajazet, au sujet d'Ibrahim.

> « Indigne également de vivre & de mourir,

Mais il a fallu mettre,

> Indigne également & du Trône & de vous.

Sans parler du petit profit que cette Confidente a tiré de la lecture de Racine, ne diroit-on pas qu'elle a fait une étude particuliere de l'art de rassurer la conscience des femmes en grossissant les défauts des maris ? Comme elle n'est pas la seule qui emploie ainsi son éloquence, pardonnons-lui, & voyons ce que Marguerite lui répondra ; car, au risque de vous ennuyer, pour que vous ne m'accusiez pas d'être injuste, & que vous puissiez juger par vous-même du style, des caracteres, des mœurs & de l'intrigue, je suivrai pour ainsi dire la Piece vers par vers.

MARGUERITE.

> Hélas ! de son malheur ne lui fais pas un crime.

Elle lui rend plus de justice.

> Je sais qu'il s'endormit sur le bord de l'abîme.

. . . .

> Eh bien. C'est à moi seule à laver mon injure,
> A soutenir ce rang que sa foiblesse abjure.

Que dites-vous, Monsieur, de cette foi-

A 4

bleſſe qui abjure un rang parce qu'elle en eſt chaſſée ?

> Et que dis-je, mon fils, l'idole de mon cœur,
> M'offre de mes travaux un prix aſſez flatteur.
> Un jour il connoîtra ce qu'il doit à ſa mere.

Elle pourſuit & raconte comment elle le ſauva en fuyant ſeule dans les forêts, & le portant elle-même dans ſes bras ; tandis qu'elle s'occupe ainſi à le ſouſtraire à la pourſuite des vainqueurs

> Un brigand ſe préſente . . . . .

Un roman ne parleroit pas mieux.

> Il eſt prêt à frapper . . . . .

Vous croyez qu'elle va ſe pâmer ? Point du tout ; elle reſte ſans frayeur.

> Il eſt prêt à frapper ; je reſtai ſans frayeur.

Elle ajoute que ce même Brigand, attendri, l'aida à ſauver ſon fils.

> Suivez-moi, me dit-il, & le fer à la main,
> Portant mon fils de l'autre, il nous fraie un chemin.

Ce fer à la main étoit ſans doute pour écarter les brouſſailles qui s'oppoſoient à leur paſſage, car ils étoient ſeuls dans la forêt. (1)

NÉVIL.

> Le Ciel en ce moment ſe déclara pour vous.
> Que ne peut-il encore adoucir ſon courroux.

MARGUERITE.

> Edouard va m'entendre ; il verra ma franchiſe.

---

(1) Voilà les images à la mode ſur notre Théâtre.

Admirez, Monsieur, la beauté de ce dialogue. Comme il a été question d'Edouard & de franchise. Je vous préviens qu'il est par-tout le même dans cette piece. Couper le discours à propos est un art trop délicat pour être du ressort de M. de la Harpe (1). Je vous préviens encore, Monsieur, que vous ne trouverez ici aucun de ces traits qui annocent un Auteur qui voyant d'un coup d'œil tout ce qu'il doit dire, prépare les événemens en conséquence. M. de la Harpe ne voit pas plus loin que le bout de sa plume, encore est-elle souvent entourée de nuages.

Revenons à Marguerite, qui continue à nous parler d'Edouard.

> Il est né généreux, je dois en convenir.
> Il m'a ravi le Trône, & je dois l'en punir.

Il n'y a qu'elle dans le monde qui puisse trouver généreux un homme qui lui a ravi son bien. On dit qu'il ne faut quelquefois qu'un mot pour déceler le génie (au moins à ceux qui savent le connoître); disons aussi qu'il ne faut qu'un mot pour montrer le peu de ressource d'un Ecrivain. Ces deux derniers vers peuvent, je crois, en fournir la preuve.

Marguerite finit cette scene dans l'espoir de venger son époux & son fils.

_____

(1) Cette partie si essentielle dans le genre dramatique est entierement ignorée aujourd'hui, ainsi que beaucoup d'autres.

SCENE II.

EDOUARD fait ici son entrée. Les gens qui ne connoissent pas la Cour croiroient d'abord que c'est à Marguerite à se rendre aux ordres du Roi ; mais M. de la Harpe, qui la connoît, en dispose autrement. C'est au contraire le Roi qui se rend aux ordres de Marguerite.

EDOUARD.

Vous avez souhaité ma présence.
Quelque ressentiment qui nous puisse animer,
Mon cœur est équitable & sait vous estimer.
Si mon rang à vos vœux me permet de me rendre,
L'illustre Marguerite a droit de tout attendre.

Qui croiroit qu'après un procédé si humble & un langage si honnête, Marguerite lui répondroit des injures, & commenceroit à le tutoyer dès le premier vers. Sans doute que M. de la Harpe a ouï dire qu'en vers on pouvoit tutoyer les Rois ; mais il auroit dû se faire instruire quand, comment & dans quelles occasions ; & ne pas oublier que Marguerite espere de se venger, & que qui espere de se venger ne s'emporte pas contre son ennemi, mais attend patiemment le moment favorable pour frapper sa victime. *Si ton ame est sensible à l'honneur*, lui dit-elle,

J'ose attendre de toi, mon fils, ma liberté ;
Que tous deux soient ici le garant du traité
Qu'à la Cour de Louis Warwick a dû conclure.

Edouard, toujours respectueux, lui répond

qu'il ménage en effet un traité avec Louis qui
pourra fixer le moment de sa liberté.

> Je le souhaite au moins, mais je ne puis répondre
> Des *obstacles* nouveaux qui peuvent *vous confondre.*

Ces deux misérables vers doivent leur naiss.
à ceux-ci.

> . . . . Sa mort peut vous confondre;
> Mais des coups du destin je ne puis pas répondre.
> RACINE.

Comme ils ont dégénéré! Edouard continue.

> Les intérêts des Rois coûtent à démêler.
> *Et mon devoir n'est pas de vous les révéler.*

Ne semble-t-il pas qu'il a eu le fouet le matin
pour avoir révélé quelque secret d'Etat, & que
depuis il sait son devoir & n'en révele plus?
Marguerite parle à son tour.

> Je ne réfute point ces discours insultans.

Tout le Parterre est témoin qu'il ne l'a pas
insultée, & que c'est elle au contraire qui l'in-
sulte.—Songe, lui dit-elle, que dans ces murs,

> . . . . Un peuple factieux,
> Cruel en ses retours, extrême en ses offenses,
> Peut encore à mon cœur préparer des vengeances.

On ne sait trop si c'est pour ou contre elle que
ce peuple peut encore préparer des vengeances.
Ecoutons-la jusqu'au bout.

> Et m'offrir un plus sûr & plus facile appui
> Que ces Rois toujours lents à s'armer pour autrui.

Quelle grande politique, Monsieur, que cette
Marguerite! Voyez comme pour dire une es-
pece de maxime, elle ne craint pas de laisser

entendre à Edouard qu'elle travaille à foulever les Rois voifins contre lui. Vous ne vous feriez pas imaginé qu'un perfonne qui cherche à nuire à une autre fût lui découvrir fes projets. C'eft votre faute. Pourquoi n'avez-vous pas, comme M. de la Harpe, approfondi le cœur humain (1)? Ce n'eft pas tout, Marguerite va plus loin encore, & de crainte qu'Edouard ne l'ait pas bien entendue, elle ajoute :

Il faut ou m'immoler ou me craindre fans ceffe.
Tu n'as point à rougir d'accabler la foibleffe
D'un fexe qui fouvent eft dédaigné du tien.
Tu fais fi Marguerite eft au-deffus du fien.

Voilà ce que c'eft que raifonner. Si Edouard avoit eu un peu de Logique, il auroit pu lui dire : puifque vous êtes au-deffus de votre fexe, vous voyez bien que vous prenez ici fes intérêts mal-à-propos. Car enfin fi vous n'avez rien de commun enfemble, je ne rifque point de l'accabler en vous accablant. Il lui fait une réponfe moins preffante, mais plus fenfée.

Je vois à quel excès la fureur vous égare.

Après ce vers on n'eft pas furpris d'en trouver un de M. de Voltaire, mais on eft furpris de trouver celui-ci.

Et ce n'eft pas à vous à me croire barbare.

Il eft vrai qu'il eft un peu défiguré, mais fi peu que rien, car il y a dans l'original :

Et ce n'eft pas à vous à me croire inflexible.
ALZIRE.

_____

(1) Expreffion familiere à M. de la Harpe.

Edouard pourſuit.

> J'honore vos vertus ; je l'avouerai ſans feindre.
> Je puis vous eſtimer ; *mais je ne puis vous craindre.*

Ne diroit-on pas qu'il a fait tout ce qu'il a pu pour la craindre, ſans pouvoir y parvenir ?

> Calmez votre douleur auprès de votre fils ;
> Allez, ſon entretien va vous être permis.

M. de la Harpe qui dans la ſcene précédente a pris tant de plaiſir, ou, ſi l'on veut, tant de peine à nous raconter comment Marguerite ſçût ſouſtraire ſon fils aux Vainqueurs, auroit bien dû nous dire par quel haſard il ſe trouve à préſent entre leurs mains & elle auſſi. Cet oubli n'eſt pas le ſeul que nous lui reprocherons (1).

> Allez, ſon entretien va vous être permis.
> Peut-être en le voyant votre reconnoiſſance
> Avouera que mon cœur a connu la clémence.

C'eſt une froide imitation de ces vers que Pyrrhus adreſſe à Andromaque.

> . . . . . Allez, Madame, allez voir votre fils,
> Peut être en le voyant votre amour plus timide.
> Ne prendra pas toujours ſa colere pour guide.

J'ai dit une froide imitation, non à cauſe que nous ignorons comment cet enfant eſt venu en la puiſſance d'Edouard, mais encore parce que la tendreſſe de Marguerite pour ſon fils n'eſt pas aſſez marquée pour que ſa préſence ſoit un mo-

---

(1) Pour n'être pas le ſeul, il n'eſt pas le moins groſſier. Une perſonne à qui j'en parlois un jour, ne vouloit jamais croire qu'il y eût de pareilles fautes dans les ouvrages d'un Académicien,

tif à la faire changer de fentiment. Elle en paroît
fi peu occupée, que malgré qu'elle l'ait appellé
l'idole de fon cœur, elle ne nous avoit feulement
pas dit que fa vue lui fût interdite. Au lieu que
Pyrrhus parle à la plus tendre des meres, à qui
on accordoit, par grace, la liberté de voir fon
fils une fois tous les jours, & qui plus foigneufe
à jouir de fon privilege, qu'à l'appeller *l'idole
de fon cœur*, venoit de dire :

Je ne l'ai point encore embraffé d'aujourd'hui.

En voilà affez fur un enfant dont il n'eft plus
fait mention dans la Piece. Marguerite quitte
ici la fcene, & Edouard refte avec Suffolk. —
Vous remarquerez, Monfieur, qu'en quelque
endroit qu'on fuppofe que Marguerite fût lorfque le Roi eft venu pour lui parler, il ne peut
guere, après qu'elle eft fortie, y refter avec
vraifemblance ; mais Edouard n'y regarde pas
de fi près, & puifqu'il a tant fait que d'y venir,
s'il s'y trouve bien, il peut y refter.

SCENE III.

EDOUARD, SUFFOLK.

EDOUARD, *en voyant partir Marguerite.*

Je plains les maux de cette *ame irritée.*

Quelle bonté d'ame ! Ne croyez-vous pas entendre Pafquin dans le Glorieux dire à Lifette.

« J'ai pitié, comme vous, de ce pauvre Lafleur ».

Mais voyez comme de cette simplicité natu-
relle, là.....

> Je plains les maux de cette *ame* irritée.

Il s'éleve tout-à-coup.

> Ah ! prends pitié d'une *ame* encor plus tourmentée.
> Cher ami , tout mon cœur est ouvert à tes yeux ;
> Tu l'as connu long-tems *& noble & vertueux.*
> Peut-être il l'est encore & fait pour toujours l'être.

Et fait pour toujours l'être est un hémistiche
de Mahomet.

> « Allez, vil idolâtre, & fait pour toujours l'être »

Comme je m'apperçois que s'il me falloit
restituer tous les hémistiches qui ne sont pas de
M. de la Harpe, je restituerois la moitié de la
piece, je ne m'y arrêterai plus. Ecoutons
Edouard.

> De moi-même à ce point l'amour est-il le maître ?
> Cet amour jusqu'ici vainement combattu ,
> *Dont rougit ma raison, dont frémit ma vertu.*

Beau vers que cela.

> *Qui va marquer un terme à ma gloire flétrie ,*

Encore plus beau.

> *Et qui pourtant, hélas ! m'est plus cher que la vie.*
> Qui pourtant l'atteignant d'aucun sang ne se teint.
>   Vers de CHAPELAIN.

Après s'être un peu reposé sur le bras de son
Confident, Edouard ajoute :

> Tu dois t'en souvenir. Tu sais que dès le jour
> Où ses attraits nouveaux brillerent à ma Cour.

J'ignore de quels attraits *nouveaux* il veut parler. Il n'a encore été question du nom d'aucune femme. Edouard ne présume pas sans doute que Marguerite a instruit le spectateur de sa tendresse pour Elisabeth, puisqu'il croit qu'on ignore encore ses amours. Peut-être M. de la Harpe a-t-il voulu nous donner une idée du délire des amans qui supposent tout le monde instruit de ce qui les occupe. Si cela est, il faut avouer qu'il a bien pris son tems. Edouard, sans jamais nommer Elisabeth, raconte comment il en devint amoureux (1). Il craint, dit-il, que le retour de Warwick ne traverse ses vœux.

> J'ai frémi de me voir confus à ses approches.

Prenez garde, Monsieur, que Warwick n'est pas encore arrivé, car ce vers pourroit vous le faire croire.

> Je hâte cet hymen ; j'ai voulu prévenir
> Ce moment pour mon cœur si rude à soutenir.

SUFFOLK.

> Avez-vous sçu du moins, prêt à former ces nœuds,
> Si cet objet si cher est sensible à vos vœux ?

Edouard nomme enfin Elisabeth, & avoue qu'il ne lui a presque parlé que par son embarras.

> Mais j'ai peine à penser *qu'une plus chere flâmme*
> Ait surpris sa jeunesse *& me ferme son ame.*
> *Elle a peu vu l'époux . . . . . .*

Je vous demande pardon, Monsieur, si je vous écorche quelquefois les oreilles. Il faut que je rapporte les vers tels qu'ils sont.

---

(1) Néron, devenu le rival de son frere, agit différemment ; il dit au premier mot à Narcisse : — *j'idolâtre Junie.* — Et ensuite il lui raconte comment il en est devenu amoureux. Mais qu'y a-t-il entre Britannicus & Warwick ?

Elle

Elle a peu vu l'époux qui lui fut deſtiné.

Cela n'empêche pas qu'il ne ſoit un peu inquiet ſur le retour de Warwick; mais pour diſſiper ſes craintes à l'inſtar d'Agamemnon qui députe Arcas pour empêcher Clytemneſtre & Iphigénie d'arriver en Aulide, il s'adreſſe à Suf-folk, & lui dit d'une façon un peu différente de celle de Racine.

> C'eſt en toi, cher Suffolk, que mon eſpoir réſide.
> Qu'aux remparts de Paris mon intérêt te guide.
> Vole & préviens Warwick.

Comme il acheve de lui donner ſes ordres, un Officier vient, comme de raiſon, lui dire que Warwick arrive. Ce qui fait la quatrieme ſcene.

SCENE IV.

EDOUARD, SUFFOLK.

EDOUARD.

O Ciel ! quel coup de foudre !

Après ce coup de foudre, vous vous doutez bien, Monſieur, qu'on trouve cette rime nou-velle.

> Ah ! que dois-je réſoudre ?

Enfin Edouard finit ce premier Acte en diſant à Suffolk *de venir l'éclairer.*

> Allons. A ſes regards avant que de paroître,
> Ami, *viens éclairer,* viens affermir ton Maître.

Fin du premier Acte.

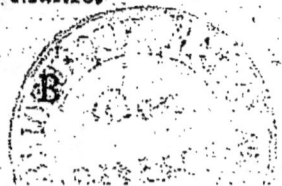

ACTE II.

SCENE PREMIERE.

WARWICK, SUMMERS.

WARWICK.

Londres ne verra plus son méprisable Maître.

On diroit qu'il vient de le transporter aux Indes.

Henri dans la langueur tombé presqu'en naissant,
Et d'une épouse altiere esclave obéissant.
Entre deux Nations rivales & hautaines
Ma prudence du moins a suspendu les haînes.
Louis à notre Roi vient d'accorder sa sœur.

. . . .

Voilà ce que j'ai fait, Summers, & je me vois
L'arbitre, la terreur, & le soutien des Rois.

Que diriez-vous, Monsieur, d'un de nos Ambassadeurs, qui après une pareille négociation se voyant de retour à Versailles diroit à son valet-de-Chambre :

Voilà ce que j'ai fait, *Frontin* (1), & je me vois
L'arbitre, la terreur, & le soutien des Rois.

Summers, qui prend tous ces mots pour des titres brillans, lui dit qu'ils vont s'embellir encore.

L'hymen d'Elisabeth promise à votre ardeur…

---

(1) Ou Lafleur.

WARWICK.

L'amour qu'elle m'infpire eft digne d'un grand cœur.
Sur le point de former cette chaîne fi belle,
L'intérêt de mon Roi foudain m'éloigna d'elle.
Quelqu'un vient. C'eft le Roi.

Je fuis bien étonné qu'il ne dife pas comme
le Comte de Tuffieres en recevant la vifite de
Lifimon.

J'étois bien affuré qu'il feroit fon devoir.

_____

SCENE II.

WARWICK, EDOUARD, *Gardes.*

Avouez, Monfieur, que ce Roi aime bien à
prévenir fon monde. Non content d'avoir, dans
la matinée, fait une vifite à Marguerite *qui avoit
fouhaité fa préfence*, il en fait encore une à fon
Ambaffadeur qui arrive, quoiqu'il ait lieu de le
fuir. Comment fe peut-il qu'Edouard, qui fait
fi bien *qu'il ne faut pas révéler les fecrets
d'Etat*, ne fache pas qu'il étoit difpenfé d'aller
vers fon Ambaffadeur ? Si l'axiôme qui dit que
quand on n'eft pas à fa place on eft toujours
mal, avoit befoin de preuve, ce trifte Roi
nous la fourniroit. Perfonne de plus embarraffé
que lui en entrant. Il n'a rien à dire, & il faut
qu'il attende tranquillement que Warwick lui
ait rendu compte de fa miffion, ce qu'il fait
ainfi :

Vos deffeins font remplis. Vos vœux font fatisfaits.

Sire, j'apporte ici l'alliance & la paix.
L'hymen y joint ses nœuds. Une illustre Princesse,
Digne par les vertus qui parent sa jeunesse,
De fonder l'union de deux Rois tels que vous.

On ne sait quel est le deuxieme Roi dont il parle. Il y a apparence qu'il veut dire Louis, & qu'il suppose qu'Edouard est au fait. Si cela est, il a raison, car il abrege.

A bon entendeur, peu de paroles.

Va traverser les mers pour chercher son époux.

C'est-à-dire passer de Calais à Douvres. — Edouard remercie Warwick de ses soins, & lui apprend qu'il a changé de sentiment. Je serai, lui dit-il,

L'allié de Louis, & non pas son beau-frere.

Warwick est étonné de ce langage.

De vos premiers desseins, qui peut troubler le cours ?

EDOUARD.

. . . . En un mot, j'ai changé de pensée

Warwick lui dit que Louis a reçu ses sermens.

Qu'il a reçu les siens, & que Warwick peut-être
N'est pas un vain garant de la foi de son Maître.

Que dites-vous, Monsieur, de cette rodomontade, & sur-tout du ton pacifique avec lequel Edouard lui répond ?

Si je romps cet hymen entre nous préparé,
J'en dois compte à Louis, & je le lui rendrai.
Mais de ces tristes nœuds mon ame détournée
Etablit ses projets sur un autre hyménée.
Il n'y faut plus songer.

Warwick lui montre les avantages de cette alliance, & le voyant déterminé à suivre son penchant, lui dit :

Avez-vous donc appris à céder à l'amour?

On n'a pas besoin d'aller à l'école pour cela. Edouard, qui l'entend toujours à demi-mot, semble s'en défendre.

Je ne me livre point à ses égarémens,
Des Princes amollis *lâches amusemens.*

La récréation n'est pourtant pas indifférente.

D'un sentiment profond j'éprouve la puissance.

Il est si profond qu'il ne peut se manifester : ce qui le force à se retirer. Si l'on lui demandoit en sortant ce qu'il est venu faire, il seroit bien embarrassé.

S C E N E   I I I.

W A R W I C K, *seul.*

O Ciel! à ce retour aurois-je dû m'attendre ?

Me trompéi-je ? La Reine avance ici vers moi.

Cette scene, qui n'est que de cinq vers, est pour donner le tems au Roi de s'éloigner, & à Marguerite de prendre sa place.

SCENE IV.

WARWICK, MARGUERITE.

MARGUERITE.

Mon approche en ces lieux fans doute eft imprévue.

Affez. Car en bonne politique elle auroit dû attendre que Warwick eût été inftruit de l'amour d'Edouard pour Elifabeth. Alors fon empreffe- ment à lui apprendre cette nouvelle n'auroit pas été fufpect, & fous prétexte de s'informer des conclufions du traité, où elle pouvoit être inté- reffée, elle auroit pu l'aigrir adroitement contre fon rival : non pas en lui difant, comme elle fait,

Lorfque l'on a trahi fon Prince & fon devoir,
Voilà, voilà le prix qu'on en doit recevoir.

Un pareil langage ne peut manquer de l'irri- ter encore plus contre elle que contre Edouard. J'aurois bien d'autres chofes à dire fur cette fcene. Par exemple, pourquoi Marguerite ne tutoye pas Warwick, puifqu'elle a tant fait que de tutoyer le Roi ? L'Ambaffadeur eft-il plus que le Monarque ? Edouard n'étoit-il pas affez avili, fans mettre cette différence entre lui & Warwick ? Je pourrois demander encore, au rifque de paffer pour curieux, où va Mar- guerite en quittant la fcene, & ce qu'elle fera après l'avoir quittée? M. de la Harpe ignore-t-il qu'un Acteur ne doit jamais y venir fans fujet,

n'y s'en retourner fans que nous puiffions, pour
le moins, deviner le motif qui l'appelle ailleurs?

Prenez une piece de Corneille, de Racine,
ou de Moliere; & voyez avec quel art ils nous
inftruifent de tout fans paroître y fonger. Rien
ne leur échappe. Que leurs perfonnages foient
préfens, ou qu'ils n'y foient pas, nous les voyons
tous marcher vers le but, & cela d'une façon à
ne pas nous laiffer concevoir qu'ils euffent pu
agir ni parler différemment. Voilà le génie. Sans
lui on a beau faire des vers & des pieces, on
ne maîtrifera jamais la fcene.

Bien des gens s'imaginent qu'il fuffit d'avoir
lu les Regles d'Ariftote, ou l'Art Poëtique de
Boileau, pour faire des pieces (1). Ils ont raifon
fi c'eft pour faire des Warwick; mais pour faire
des Cinna, des Athalie & des Mifantrope, il faut
connoître autre chofe que les regles, ou plutôt
il faut en connoître un million qui ne font point
dans les livres, & qui n'y feront jamais. Si l'on
me demande quelles font ces regles, je dirai
quelles ont des rapports fi combinés avec la
Nature, & des liaifons fi délicates, que le Génie
lui-même les auroit plutôt obfervées vingt fois
avant que de les tracer une.

_____

(1) Je crois, au contraire, que ceux qui ont befoin de les lire
n'en feront jamais de bonnes.

B 4

SCENE V.

WARWICK, seul.

CETTE scene, ou plutôt ce second monologue, qui n'est que de quatre vers, est encore ici pour donner le tems à Marguerite de s'éloigner & à Summers d'approcher. C'est ce qu'on appelle des scenes à tiroir.

SCENE VI.

SUMMERS vient confirmer à Warwick la nouvelle que Marguerite lui a apportée.

> Elisabeth, Seigneur, va vous être ravie.
> C'est d'elle que j'ai sçu *toute la perfidie*,
> Les indignes complots préparés contre vous.
> Edouard veut, ce soir, devenir son époux;
> Et son pere ébloui de ce rang si funeste,
> Abandonne sa fille au nœud qu'elle déteste.

Warwick s'emporte contre son rival. C'est la regle. Qu'un vil Courtisan, dit-il, en parlant du pere d'Elisabeth, ait conçu l'espoir de briller près du Trône en formant cet hyménée :

> J'excuse avec mépris sa basse complaisance;
> Mais que plus criminel *& plus lâche en effet*,
> Edouard, sans rougir..... *Il le veut, c'en est fait.*
> O chere Elisabeth à mes vœux destinée.

Cieux ! témoins des transports de Warwick outragé,
Je jure ici par vous que je serai vengé.
Entendez les sermens que ma bouche prononce,
Signal affreux des maux que ma fureur annonce.

J'avois toujours cru que c'étoit *le signal affreux des maux* qui étoit chargé d'entendre les sermens que la bouche de Warwick prononçoit ; mais un ami m'a fait observer que ce n'étoit pas ce que M. de la Harpe avoit voulu dire ; ainsi, Monsieur, je vous prie de glisser sur cet article.

SCENE VII.

WARWICK, ELISABETH.

WARWICK.

Ah ! Madame, venez enflammer mon courroux.
. . . .
Un lâche à son amour alloit vous immoler.
Le Ciel m'a ramené pour prévenir le crime.
Ne craignez pas qu'ici son pouvoir vous opprime.

On peut entendre le pouvoir d'Edouard, le pouvoir du Ciel & le pouvoir du crime. Choisissez.

C'est moi qui vous défends, moi qui veille sur vous,
Moi qui suis votre appui, votre amant, votre époux.

Il devroit ajouter.

« Je partage mon cœur entre la guerre & vous ».

On y reconnoîtroit mieux le discours qu'O-
rosmane tient à Zaïre. — Il est vrai, lui répond
la triste Elisabeth (qu'on prendroit pour une
fille de huit ans, s'il n'avoit pas été question de
la marier.)

> De mon pere, il est vrai, l'injuste tyrannie,
> A ces tristes liens a condamné ma vie.

Quelle liaison admirable de ce vers avec celui
qui suit.

> Et mon cœur en secret vous adressoit, hélas !
> Des regrets impuissans que vous n'entendiez pas.

Voilà ce que c'est que d'avoir un style à soi.
J'aurois reconnu celui de M. de la Harpe à ces
quatre vers.

> Je demandois Warwick dans mon impatience
> . . . .
> Enfin je vous revois. Vous essuyez mes larmes.
> Je ne puis cependant vous cacher mes allarmes.

Elle craint que les transports de son cœur
indompté n'aient éclaté avec trop d'imprudence.

WARWICK.

> Qui pourroit me contraindre,
> Et quel péril pour moi pouvez-vous redouter ?

Je puis, dit-il, encore renverser Edouard, &
rendre à Lancastre son héritage. Elisabeth, qui
n'aime pas la guerre, s'oppose à ce dessein.

> Quoi ! ne pouvez-vous rien sur l'esprit d'Edouard,
> Sans aller de la guerre arborer l'étendart ?

Et que puis-je prétendre, s'écrie Warwick, n'a-t-il pas abjuré devant moi cet hymen que j'avois préparé.

> Envers moi, s'il se peut, comptez ses injustices,
> Et les erreurs d'un cœur à son amour soumis,
> Pour qui tous les devoirs semblent anéantis.

Voilà du sublime.

> Il me fait vainement engager ma parole.
> C'est peu.... il me ravit le prix de mes travaux.
> . . . .
> Ah ! cet enchaînement, ce tissu de noirceur, &c.

Il n'y a là ni enchaînement, ni tissu. Il lui a fait engager sa parole en vain, & il est amoureux de sa Maîtresse. Deux anneaux ne font pas une chaîne, & deux fils ne forment pas un tissu. Valoit-il la peine de lui faire dire :

> Envers moi, s'il se peut, comptez ses injustices.

C'est la montagne en travail qui accouche d'une souris. — Warwick indique les moyens qu'il prendra pour se venger.

> Je paroîtrai dans Londre ; on entendra ma voix.
> On verra d'un côté l'appui de l'Angleterre,
> Warwick de ses travaux demandant le salaire,
> Indigné des affronts qu'il n'a point mérités,
> Et de l'ingrat *Yorck* contant les lâchetés :
> Et de l'autre on verra confus en ma présence
> *Edouard* aux grandeurs conduit par ma vaillance.
> Qui sans moi dans l'*exil*, ou la *captivité*,
> Cacheroit sa *misere* & son *obscurité*.

Cette façon de parler est belle. Savez-vous pourquoi, Monsieur ? C'est qu'elle n'est pas de

M. de la Harpe. Remettons ces vers dans la bouche d'Agrippine, & écoutez comme elle parle à Burrhus lorſqu'elle dit qu'elle ira préſenter Britannicus à l'armée.

> On verra, d'un côté, le fils d'un Empereur,
> Redemandant la foi jurée à ſa famille,
> Et de Germanicus on entendra la fille:
> Et de l'autre on verra le fils d'Enobarbus,
> Appuyé de Séneque & du Tribun Burrhus,
> Qui tous deux de l'exil rappellés par moi-même, &c.

Il n'eſt pas difficile de prendre un ton impoſant lorſqu'on ſe ſert des tournures de Racine ; mais il eſt difficile de n'y faire entrer, comme lui, aucun mot d'inutile. (1)

Eliſabeth calme un peu Warwick en lui diſant qu'elle ne s'eſt point expliquée devant Édouard, qu'il ignore encore combien cet hymen ſeroit affreux pour elle.

> *Mais j'oſerai parler ;* il ſaura mes promeſſes.
> J'avouerai, ſans rougir, l'excès de mes tendreſſes.

Enfin elle eſpere qu'Edouard entendra raiſon. Warwick ſe laiſſe fléchir.

> Eh bien! Vous le voulez, & pour quelques momens
> Je ſuſpendrai l'ardeur de mes reſſentimens.

Mais ſi n'écoutant rien que ſon amour, Edouard perſiſte à m'outrager,

> Je ne le connois plus, & je cours me venger.

A préſent que la ſcene eſt finie, je vous de-

---

(1) Ce qui eſt plus difficile encore, c'eſt de le ſoutenir, ce teh.

manderai, Monfieur, s'il eft de la bienféance qu'une maîtrefse prévienne fon amant ? Vous me direz que nom. C'eft pourtant ce qu'Elifabeth vient de faire.

A faire agir ainfi fes perfonnages au hafard, qui eft celui qui ne feroit pas des pieces ? Cicéron fe plaignoit qu'on ne louoit de fon tems *que ceux qu'on efpéroit de pouvoir imiter.* Si ce tems-là revient, fans qu'il y ait exception à la regle, je ne connois perfonne qui ait lieu de prétendre à la louange univerfelle comme M. de la Harpe.

Fin du fecond Acte.

ACTE III.

SCENE PREMIERE.

MARGUERITE, NÉVIL.

CETTE fnene eſt entièrement inutile; elle n'apprend rien, & ne fait que retarder l'action. Vous allez en juger.

MARGUERITE.

Tout ſemble confirmer l'eſpoir dont je me flatte.
Entre mes ennemis déjà la haîne éclate.
Warwick eſt furieux, & mon adreſſe encor...

Vous avez vu cette adreſſe. Car il n'y a pas apparence que M. de la Harpe ait voulu nous faire croire que Marguerite venoit de voir Warwick, & qu'elle s'étoit ſervie d'une autre adreſſe que celle que nous lui connoiſſons, parce que Warwick, qui ne fait que de quitter la ſcene, n'a eu, depuis que nous l'avons vu, aucun ſujet d'être furieux, puiſque ſa Maîtreſſe n'a pas encore vu le Roi pour ſavoir ſa réponſe.

Warwick eſt furieux, & mon adreſſe encor,
A ſçu de ſon courroux échauffer le tranſport.

Une adreſſe qui échauffe le tranſport d'un courroux. Ce n'eſt pas tout; elle dit qu'elle le conduira.

Je ſaurai faire plus; je ſaurai le conduire.

Déjà contre Edouard il brûle d'éclater ;
Moi , je veux le détruire & non pas l'insulter.

C'est ici, Monsieur, que vous aurez besoin de la pièce pour croire que Marguerite ait osé parler ainsi, après le langage que vous savez qu'elle a tenu au Roi. Sans doute que ce dernier vers commençoit à vieillir dans le porte-feuille de son Auteur, & l'envie qu'il eut de le produire ne lui permit pas de voir comment il le plaçoit. — Va, poursuit Marguerite, en s'adressant toujours à Névil, qui doute un peu de ses projets :

Un souffle peut encor tirer des étincelles
Du feu qui vit sans cesse au fond de ces climats.

Il auroit été nécessaire de dire de quel feu, parce que nous l'aurions sçu.

Mets-toi devant les yeux ce long enchaînement…..

M. de la Harpe aime bien les enchaînemens.

Des meurtres , des forfaits , &c.

Elle lui fait, assez à propos, comme vous voyez, un long récit des horreurs de la guerre civile. — Tous nos Citoyens, dit-elle, ont entendu le cri de la vengeance autour de leur berceau.

Et pour eux en naissant le meurtre est un devoir.

Je n'aurois jamais pensé que le meurtre eût été, en naissant, un devoir pour les Anglois.

Je te dirai bien plus…..

Cette Marguerite a toujours quelque chose à dire où l'on ne s'attend pas.

> Je te dirai bien plus; *le sang & le ravage*
> *Ont endurci ce peuple, ont irrité sa rage.*

Eh bien, Monsieur, que pensez-vous de ces deux vers ? Le premier vous a sans doute rappellé la fameuse confidence de Sévere à Fabian, qui commence ainsi :

« Je te dirai bien plus; mais avec confidence ».

Mais vous ne vous attendiez pas à une si belle chûte. Voilà ce que c'est que de n'être pas au cours *du faire* de M. de la Harpe. On jouit toujours de quelque surprise nouvelle. Le parti des Lancastres, ajoute Marguerite, peut encore renaître. Névil, qui s'apperçoit que sa Maîtresse oublie le point de la question, tâche de l'y ramener.

> Ainsi donc de Warwick si long-tems ennemie, (1)
> L'intérêt vous rapproche & vous réconcilie;
> Croirai-je que touché de ses nouveaux bienfaits,
> Ce cœur ait oublié les maux qu'il vous a faits ?

Il est permis de ramener sur la voie les gens qui s'égarent ; mais il ne faut pas pour cela dire des mensonges, & c'en est un de dire que Marguerite a reçu de nouveaux bienfaits de Warwick. Au contraire, elle en a été très-mal accueillie. Lisez la quatrieme scene du second Acte. Il n'est fait mention nulle part qu'ils se soient vus, écrit, ni fait parler depuis.

MARGUERITE.

Non. j'ai, par le malheur, appris à me contraindre.

Il est fâcheux que sa conduite nous ait prouvé

---

(1) Or donc pour revenir à ma belle action.

le contraire. Car ce vers auroit son mérite s'il étoit bien placé.

Ce ne sont pas les vers qui coûtent pour faire les Pieces, c'est l'art de les faire venir à propos qui est difficile ; c'est le talent des Grands Hommes. Pour vous en convaincre, sortez un vers de Racine de sa place, & essayez de le mettre ailleurs ; fut-ce une maxime, qui pour l'ordinaire s'applique par-tout, vous ne la placerez peut-être jamais aussi-bien, parce qu'à la rigueur les circonstances ne sont jamais les mêmes, & les nuances en étoient bien fines lorsque Racine ne les distinguoit pas. Il n'en est pas ainsi des Auteurs dramatiques de ce siecle. La plupart de leurs vers gagneroient beaucoup à être transposés. M. de Voltaire même n'est pas toujours à l'abri de cette épreuve. J'en rapporterai un exemple avec toute la vénération qu'on doit à la mémoire de ce célebre Ecrivain.

Séide, en se laissant prévenir contre Zopire, dont il admiroit la candeur & l'humanité, fait cette réflexion.

> Qu'il est dur de haïr ceux qu'on voudroit aimer !

Ce vers est beau, même dans l'endroit où il est. Voulez-vous le voir sublime ? Mettez-le dans la bouche d'Hermione, au moment où elle se résoud à faire assassiner son amant qui lui est infidele. C'est alors,

> Qu'il est dur de haïr ceux qu'on voudroit aimer ! (1)

---

(1) Ce vers pourroit se mettre encore dans la bouche d'Orosmane un instant avant qu'il ne tue Zaïre, mais avec moins d'avantage, quoique dans le fond la situation soit à peu près la même. La raison de cela, je crois, c'est que nous savons que Zaïre n'est pas infidele, & que nous savons le contraire de Pirrhus.

C

C'eſt un vers qui a échappé à Racine. En re-
vanche tout le rôle d'Hermione nous prouve
cette vérité ; & l'un vaut bien l'autre aux yeux
de ceux qui ſavent combien il eſt plus aiſé de
réduire une vérité en ſentence, que de la mettre
en action. Puiſque nous en ſommes ſur cette
matiere, je remarquerai, en paſſant, que ces
deux choſes ne ſont pas incompatibles ; & ceux
qui ont condamné les ſentences au théâtre au-
roient dû faire une différence entre celles qui
ſont recherchées & celles qui naiſſent du fond
du ſujet, & dont la preuve eſt pour ainſi dire
ſous nos yeux : alors l'eſprit eſt agréablement
flatté de voir exprimer en peu de mots une
vérité que nous aurions apperçue, mais qui
nous auroît coûté des réflexions.

César, en apprenant la mort de Pompée, s'at-
tendrit & plaint le ſort de ce grand homme ;
nous en ſommes d'abord ſurpris, lui qui le pour-
ſuivoit avec tant d'acharnement. On le rapporte
à Cornelie, elle répond,

> O qu'il eſt doux de plaindre
> Le ſort d'un ennemi lorſqu'il n'eſt plus à craindre !

Athalie effrayée d'un ſonge qui la pourſuit,
conçoit le deſſein d'appaiſer par des préſens le
Dieu des Juifs, auquel elle ne croit pas. Revenue
de ſon trouble, elle dit :

> Que ne peut la frayeur ſur l'eſprit des mortels !

Ceux qui n'aimeroient pas de pareilles maxi-
mes me permettroient de n'être pas de leur avis ;
mais je crois qu'il n'y a perſonne qui n'en ſente
toute la beauté. Diſons donc, encore un coup,
qu'il n'y a que l'à-propos qui faſſe valoir les

chofes. Cet à-propos ne s'enfeigne pas; C'EST LE SECRET DU GÉNIE.

Vous n'auriez pas cru, Monfieur, qu'un vers de M. de la Harpe nous eût conduit à toutes ces réflexions; ni moi non plus: mais une idée en fait naître une autre; on veut la fuivre, & voilà comme les gros livres fe font, fans fonger fi quelqu'un prendra la peine de les lire. — Revenons à Marguerite.

Je fais cacher ma haîne, & ne fais point l'éteindre.

On n'a jamais menti plus herdiment; elle ajoute que fi Warwick la fait triompher, elle faura apprécier ce retour politique. Elle fait comme on traite un Sujet trop puiffant. *Mais on vient; c'eft le Roi. Evitons fa préfence.*

Marguerite ne commet pas ici la faute qu'elle a faite au fecond Acte; elle ne laiffe pas à le vérité deviner où elle va, ni ce qu'elle fera après qu'elle fera fortie: mais elle dit qu'elle fort pour éviter la préfence du Roi; & en cela on n'a rien à lui reprocher: mais on reprochera à M. de la Harpe d'avoir laiffé la fcene vuide. Il doit favoir que c'eft une regle, & que celui qui a dit:

Gardez qu'une voyelle à courir trop hâtée
Ne foit d'une voyelle en fon chemin heurtée,

A dit auffi.

Que l'action marchant où la raifon la guide,
Ne fe perde jamais dans une fcene vuide. (1)

---

(1) Je n'aurois rien dit fur cet article, mais je fais que M. de la Harpe a foin de relever les *hiatus*, parce qu'il faut des grands efforts d'efprit, pour s'appercevoir qu'un U eft à côté d'un E, ou un O à côté d'un A. De pareilles fautes n'échappent jamais aux grands Connoiffeurs.

Voyez maintenant, Monfieur, fi cette fcene étoit bien néceffaire? M. de la Harpe a fait ici comme ceux qui entreprennent de trop grands édifices, qui, lorfqu'ils s'apperçoivent que les matériaux leur manquent, font tout fervir.

SCENE II.

EDOUARD, SUFFOLK.

EDOUARD.

Tu le vois. Déformais tout efpoir eft perdu.
Par des emportemens Warwick t'a répondu.

Warwick a eu très-grand tort de répondre par des emportemens. Quelles propofitions que M. de la Harpe fuppofe que le Roi ait pu lui faire par l'entremife de Suffolk, nous verrons bientôt que ce n'étoit pas encore le moment de s'emporter.

Tout fert à m'irriter, & mon chagrin redouble :
Ne pourrai-je, à la fin, fortir d'un fi long trouble?
Il faut m'en délivrer. Que l'on nous laiffe ici.
Qu'on éloigne fur-tout Warwick.

SCENE III.

WARWICK, *entrant brufquement.*

Le voici.

A cette entrée impertinente quel eft le Sou-

verain qui feroit auffi tranquille qu'Edouard?
Le Roi de Cocagne même pourroit-il s'empêcher de lui donner un coup de fceptre par le
nez? Mais laiffons-là fa bravade, & demandons-
lui raifon de fon emportement devant Suffolk,
& fur-tout de fon empreffement à fe montrer
devant le Roi. Ne fe fouvient-il plus qu'il a
promis à Elifabeth de fufpendre fon reffenti-
ment jufqu'à ce qu'elle *eût parlé*. Peut-être quelqu'un dira que Warwick eft trop fier & trop
violent pour attendre. Je répondrai qu'Achille
l'eft bien autant que lui. Cependant lorfqu'il
veut aller trouver Agamemnon pour lui demander raifon de l'outrage qu'il lui a fait en fe fervant de fon nom pour attirer fa fille en Aulide
pour la facrifier, & qu'Iphigénie lui dit :

Laiffez parler, Seigneur, des bouches plus timides.

Et qu'il y confent en difant :

Eh bien vous le voulez. Il faut donc vous complaire, &c.

Nous ne voyons pas qu'il aille un inftant après,
comme un étourdi, quereller Agamemnon. Il
attend qu'Iphigénie ait employé la douceur,
Clytemneftre les reproches ; & ce n'eft qu'après
avoir vu l'un & l'autre inutile, qu'il emploie la
menace. Voilà ce qu'il falloit imiter ; mais M. de
la Harpe imite toujours ce qu'il ne faut pas.
Venons au détail de cette fcene.

Je ne m'attendois pas, Seigneur, que la fortune
Dût vous rendre fi-tôt ma préfence importune.

Rappellez-vous ici ce jour où votre pere expira
fur des monceaux de morts ?

Je volai jufqu'à vous. Je me fis un paffage....

Warwick, me difiez-vous, prends foin de ma jeuneffe.
C'eft dans tes mains, Warwick, que le deftin me laiffe.
Sois mon guide & mon pere, & je ferai ton fils.
Conduis-moi vers ce Trône où je dois être affis.
Viens, combats, & fois fûr que ma reconnoiffance
Te fera plus que moi jouir de ma puiffance.

Ce que Warwick dit ici feroit fupportable fi
cette fcene étoit bien placée.

Tels étoient vos difcours. Je le crus, & ma main
S'arma pour vous venger, & changea le deftin.
Je vis fuir devant vous cette Reine terrible.

Il falloit dire quelle Reine. Il eft vrai qu'E-
douard n'a pas befoin de tant d'explications.

J'acquis en vous fervant le titre d'invincible.
Sans doute qu'à vos yeux de fi rares bienfaits
Ne pouvant s'acquitter, paffent pour des forfaits;
Mais du moins envers vous je n'en commis point d'autres.

Agripine, après avoir reproché fes bienfaits
à fon fils, dit :

Voilà tous mes forfaits; en voici le falaire.

Et Warwick :

Je frémirois ici de rétracer les vôtres.
Vous avez tout trahi, l'honneur & l'amitié,
Barbare; & c'eft ainfi que vous m'avez payé.

EDOUARD.

Modérez devant moi ce tranfport qui m'offenfe.
Il eft vrai. J'ai cherché l'hymen d'Elifabeth.

Obfervez, Monfieur, que Warwick ne lui a
encore rien dit d'Elifabeth; mais Edouard de-
vine toujours ce qu'on veut lui dire, & répond
en conféquence.

Je me fuis, comme vous, efforcé de lui plaire.
Je me fuis appuyé de l'aveu de fon pere.
J'ai demandé le fien ; & , s'il faut dire plus,
Elle n'a point encore expliqué fes refus.

Eh bien, Monfieur, avois-je raifon ? Si Warwick n'avoit pas été fi preffé, Edouard n'auroit pas eu cette réponfe à lui faire, & lui auroit pu encore fe difpenfer de lui dire des injures.
Ecoutons-le.

Quand vous n'auriez pas fçu, *puifqu'il faut vous l'ap-*
prendre,

C'eft un Sujet qui parle à fon Roi.

Que nos cœurs font unis par l'amour le plus tendre,
J'aurois cru (*j'ofe ici l'avouer entre nous.*)

C'eft une parenthefe que Néron fait en parlant à fa mere. Faites attention, Monfieur, que
quand elle ne feroit pas de Racine, elle ne con-
viendroit nullement à Warwick dans ce mo-
ment-ci. Une pareille retenue dans le difcours
n'appartient qu'à un dépit concentré ; & il n'y
a perfonne qui ne fente qu'elle ne peut avoir
lieu après avoir dit :

Quand vous n'auriez pas fçu, puifqu'il faut vous l'apprendre,

Qui n'a pas craint de dire plus, n'a pas befoin d'ufer de ménagement pour dire moins (1).
Vous favez, Monfieur, que M. de la Harpe
a fait une fois l'éloge de Racine. Il faut convenir
que c'étoit bien la moindre chofe qu'il pût faire
pour ce grand homme en reconnoiffance de tous
ces petits larcins, dont il n'a pas fait, à la vérité,

_____

(1) Si vous voulez voir cette parenthefe bien placée, voyez-la
dans l'original.

le meilleur ufage poffible ; mais ce n'eft pas la
faute de Racine. Pourfuivons :

> J'aurois cru (*j'ofe ici l'avouer entre nous*)
> Avoir acquis des droits affez puiffans fur vous....

> Je me fuis bien trompé. *Je le vois ; mais enfin*

Comme c'eft poétique !

> Il refte à mon amour un efpoir plus certain.

Cet efpoir eft de lui dire encore des injures.

> Jamais impunément je ne fus offenfé....

> Toujours le fang d'Yorck fut ingrat & parjure.

Edouard à la fin fe laffe ; appelle fes gardes &
le fait arrêter.

SCENE IV.

EDOUARD, WARWICK, ELISABETH, SUFFOLK, GARDES.

ELISABETH.

> *QU E vois-je ? ô jour funefte !*
> *Hélas ! par vos vertus, par ce Ciel que j'attefte !*

Ceux qui aiment les exclamations trouvent
dans cette fcene de quoi fe fatisfaire.

> Ecoutez-moi, Seigneur, c'eft moi qu'il faut punir
> De ces triftes débats que j'ai dû prévenir.

L'expreffion, chez M. de la Harpe, ne fuit
jamais la penfée. Elifabeth veut dire que j'aurois dû prévenir ; car elle n'a rien prévenu. On
a dit que les plus grands Ecrivains étoient ceux
qui donnoient le plus à penfer. Si cela eft, M. de
la Harpe eft le plus grand de tous, car il faut
toujours deviner ce qu'il veut dire.

Our, j'aurois dû plutôt, vous découvrant mon ame,
Etouffer dans la vôtre une imprudente flamme.

WARWICK, *à Elisabeth.*

Vous croyez l'attendrir ; vous vous trompez, Madame,
. . . .
C'est mon fang qu'il lui faut, qu'il brûle de répandre ;
Mais avant qu'à vos yeux il puiffe s'y plonger,
J'en puis verfer peut-être affez pour me venger.

Il fort. Edouard dit aux Gardes de le fuivre
& de le conduire à la Tour. Elifabeth s'écrie.

Quel orage s'apprête !
Qu'allez-vous ordonner ! qu'allez-vous faire ! ô Ciel !

Voilà le langage d'une perfonne qui n'a rien
à dire.

L'amour étoit-il fait pour vous rendre cruel ?

EDOUARD.

Non, je veux prévenir *une révolte ouverte.*

J'aurois peut-être dû laver dans fon fang l'in-
digne affront qu'il faifoit à mon rang ; mais

Je fais entendre encor la voix de la vertu.
Vous le voyez, Madame, & du moins votre Maître,
S'il n'eft aimé de vous, étoit digne de l'être.

Ce n'eft pas en difant voyez l'action que je
viens de faire qu'on en rehauffe le prix ; mais
le pauvre Edouard a voulu imiter Orofmane,
qui dit à Zaïre :

Je croyois être aimé, Madame, & votre Maître,
Soupirant à vos pieds, devoit s'attendre à l'être.

Remarquez, Monfieur, qu'Orofmane ne dit
point, votre Maître par fes vertus devoit s'at-

tendre à être aimé de vous, mais foupirant à vos pieds, parce qu'un Amant eft toujours en droit de faire valoir fes foins & fon amour auprès de fa Maîtreffe, & rien n'eft plus naturel, fur-tout dans un moment de dépit; mais il faut être M. de la Harpe pour parler de fes vertus.

Il eft permis à certaines gens d'imiter quelquefois le génie, mais il eft une médiocrité qui devroit fe contenter d'en admirer les productions fans chercher à les copier, parce qu'elle défigure tout ce qu'elle touche. Piron nous a fait fentir cette vérité en homme habile dans fa Comédie du Métromane. Damis, jeune Poëte, plein d'efprit & d'imagination, preffé par fon oncle, M. Baliveau, de quitter la carriere du Théâtre, dont le début ne lui eft pas favorable, répond que c'eft ce qu'un Auteur pourroit faire après avoir réuffi, mais qu'il ne lui refte d'autre parti à prendre que de rentrer *en lice*, afin de forcer, dit-il, fes rivaux à l'admirer.

> Le nocher, dans fon art, s'inftruit pendant l'orage.
> Il n'y devient expert qu'après plus d'un naufrage.
> Notre fort eft pareil dans le métier des vers,
> Et pour y triompher, il y faut des revers.

Francaleu, vieux rimailleur & bon homme, eft enchanté de cette réponfe vraiment poétique; &, pour faire l'éloge de Damis, il la rapporte après que celui-ci eft forti.

> Une lice, un Nocher,
> Comme l'on ne va droit qu'à force de broncher.
> Plaît-il? vous l'entendiez?

Dit-il à Biliveau, fans s'appercevoir que cette même idée devient ridicule en paffant par fa bouche. Voilà une leçon donnée en maître. Il n'y avoit point de regles dans les livres pour cela. — Revenons à Elisabeth, qui cherche à excuser Warwick:

Eh bien! si la vertu commande à votre cœur,

Oubliez, dit-elle, l'imprudence d'un amant.

S'il vous ose outrager, soyez plus grand que lui.

On croiroit d'abord qu'elle veut dire, outragez le plus fort. Mais ce n'est pas cela, car elle ajoute :

Osez lui pardonner......
Sans prétendre à ma foi, sans lui disputer rien,
Faites-vous admirer *d'un cœur tel que le mien.*

Que dites-vous, Monsieur, de la modestie de notre Elisabeth? Il est bien de connoître qu'elle fréquente Warwick. Je suis assuré qu'il n'en faudroit pas davantage à un mari jaloux pour lui persuader qu'ils ont des liaisons secrettes ensemble.

SCENE V.

EDOUARD, ELISABETH, SUFFOLK.

Suffolk vient dire que Warwick est arrêté, & que le Peuple semble murmurer.— J'en saurai triompher, dit Edouard.

Si Londres se souleve, il connoîtra son Roi.

Il donne ses ordres à Suffolk pour qu'il rasfemble les *cohortes de fes Gardes* ; & avant de partir, il adreffe ces quatre vers à Elifabeth :

> Vous ne le verrez point l'emporter fur fon Maître.
> C'eft cet amour fatal que vous avez fait naître,
> *Qui rempliffant ce cœur de vous feule occupé,*
> *Empoifonne les traits dont le fort l'a frappé.*

Un fort qui frappe un cœur occupé avec les traits qu'un amour qu'on a fait naître empoifonne ! Que diriez-vous, Monfieur, fi je vous difois que j'ai vu le Parterre applaudir à ces vers à toute outrance ? Vous n'en feriez peut-être pas furpris, parce que vous favez qu'à Paris on applaudit à tout. Si Moliere revenoit, il ne manqueroit pas de dire encore.

> Et ce fiecle par-là n'a rien qu'on ne confonde.

S C E N E V I.

E L I S A B E T H , *feule.*

Cette fcene n'eft que d'un vers, & le voici.

> Malheureufe, voilà *ce qu'ont* prévu mes craintes.

M. de la Harpe eft admirable pour ces petites fcenes.

SCENE VII.

ELISABETH, MARGUERITE.

MARGUERITE.

Quoi ! vous vous arrêtez à d'inutiles plaintes?
Armez ici tous ceux que l'amitié, le rang,
Ou quelque autre intérêt attache à votre sang.

ÉLISABETH.

Je vois trop le dessein dont s'occupe votre ame,
Et ce que pour Warwick ce grand zele a produit.
Voilà, voilà, Madame, où vous l'avez conduit.

Ce reproche est bien injuste, car elle ne l'a
conduit à rien. A moins que M. de la Harpe ne
pense que Marguerite a fait beaucoup en lui apprenant l'amour d'Edouard pour Elisabeth. Il est
vrai que sans elle il l'auroit sçu un quart d'heure
plus tard.

Il n'est que trop ardent . . . . . .

Une maîtresse se plaint rarement de ce dé-
faut-là.

Ses malheurs & les miens servent à vos projets.
Nous n'avons pas ici les mêmes intérêts.
                                Elle sort.

SCENE VIII.

MARGUERITE, *seule.*

SAISISSONS des momens précieux.
Yorck épargne encore un Sujet orgueilleux.
Il ne portera pas un arrêt trop sévere.
Rarement la jeunesse est dure & sanguinaire.
Ce n'est que par le tems que l'on sait s'endurcir
Dans les devoirs cruels & dans l'art de punir.

C'est une vérité que Racine nous a apprise en
nous donnant un exemple du contraire. C'est
Burrhus qui parle de Néron.

« Ses yeux indifférens ont déjà la constance
» D'un tyran dans le crime endurci dès l'enfance ».

Margnerite finit ce troisieme Acte en disant
qu'il faut délivrer Warwick.

A son sort aujourd'hui je dois joindre le mien.

Il auroit été bon de savoir auparavant si Warwick étoit de cet avis, parce qu'on ne fait point
de société, diroit un homme de Pratique, sans
le consentement des parties.

Fin du troisieme Acte.

ACTE IV.

Vous vous êtes sans doute déjà apperçu, Monsieur, de la ressemblance qu'il y a de cette pièce avec le Comte d'Essex. Ce quatrieme Acte, qui se passe dans une prison, en est tiré trait pour trait : comme j'aurois trop de choses à rapporter si je voulois le mettre en parallele avec l'original, je vous prie, Monsieur, de le faire vous-même.

WARWICK, *seul*

Jour affreux ! jour d'opprobre ! après vingt ans de gloire,
Quoi ! je suis dans les fers ? *Ah ! l'aurois-je pu croire ?*

Il se plaint du peuple qui l'a laissé emprisonner ; il se rappelle que Henri est en prison dans la même tour.

L'oppresseur, l'opprimé n'ont plus qu'un même azyle.

SCENE II.

WARWICK, SUMMERS,

WARWICK.

Que vois-je ? se peut-il ? Et quel bonheur extrême !
Qui t'amene en ces lieux ?

SUMMERS.

L'ordre du Roi lui-même.

Je l'aborde en tremblant . . . . .
Votre ami, m'a-t-il dit, peut mériter sa grace ;
Mais il faut qu'il apprenne à fléchir son audace,
Allez l'y préparer.

J'ignore, ajoute-t-il, ce que le Roi veut exi-
ger de vous, mais

A quelque extrémité que le destin vous livre,
Mon sort est d'être à vous, ma gloire est de vous suivre.

Summers ressemble ici au Valet du Dissipa-
teur, qui voyant son Maître abandonné de tout
le monde, lui dit :

. . . . Je ne sais point ce que l'on me destine ;
Mais qu'on me chasse, ou non, mon pauvre cœur
s'obstine
A ne vous point quitter.

Ne lui en faisons pas un crime ; il vaut encore
mieux qu'il ressemble à ce bon Valet, que de ne
ressembler à rien.

Warwick reconnoît qu'il s'est peut-être un
peu trop emporté devant le Roi ; mais tu sais
qui de nous deux est en effet coupable. Déjà le
désespoir eût consumé ma vie si la vengeance
n'eût ranimé mes sens.

Cours embraser les cœurs de ce Peuple incertain,
Peuvent-ils balancer de venger ma querelle ?
Et Maguerite enfin.

Cette Marguerite enfin n'est ici que pour donner à penser aux Spectateurs qu'il peut y avoir
quelque intelligence entre elle & Warwick ;
mais il est clair qu'il n'y en a point. Cela n'empêche pas que Summers ne reponde :

Elle agit & se tait.

C'est

C'est fort bien que de se taire devant ses ennemis ; mais rien de caché pour le Parterre , parce
qu'il n'est point suspect. Summers continue.

> Ses secrets partisans , vos amis & les siens,
> Echauffent par degrés les cœurs des Citoyens.

(Voilà des gens qui s'entendent mieux que
leurs Maîtres). Qu'ils arment mon bras, dit
Warwick, & je suis satisfait.

> Suivi des plus hardis, pénetre cette enceinte :

J'irai vers Edouard, & nous verrons s'il pourra
soutenir ma vengeance.

> Ah ! je ressens déjà, je goûte par avance,

Pléonasme ! redondance superflue ! s'écrieroit
ici M. de la Harpe, si ce vers n'étoit pas de
lui. Moi qui ne m'apperçois gueres de pareilles
fautes, & qui n'y ai plus fait attention, je dirai
seulement qu'il y a dans ce vers un hémistiche
d'inutile, parce qu'ils disent tous deux la même
chose sans nécessité.

> Ah ! je ressens déjà,
> Le plaisir de le voir à mes pieds renversé,
> Et de lui dire, ingrat, *qui m'as trop offensé*,
> *Que j'avois trop servi*, que j'ai dû mieux connoître,
> Toi, qui n'étois pas fait pour te nommer mon maître,
> Vois du moins aujourd'hui si je menace en vain,
> Et reconnois Warwick en mourant par sa main.
> Mais je t'arrête trop, va, cours, vole.

Voilà je crois, Monsieur, le mouvement le
plus naturel qu'il y ait dans cette Piece ; mais
un mouvement ne fait pas une Tragédie.

D

SCENE III.

WARWICK, *seul.*

Aн! du moins
Si le fort secondoit & mes vœux & ses soins.
O Ciel ! lorsque chargé du fort de l'Angleterre,
Triomphant dans la paix ainsi que dans la guerre,

On croit ici entendre Larissole.

« Et brave sur la mer, ainsi que sur la terre »

Et d'un peuple idolâtre excitant les transports,
Heureux & tout puissant je revoyois ces bords :
Aurois-je dû penser que tant d'ignominie
Dût *si-tôt* éclipser cet éclat de ma vie.
Et que frappé *bien-tôt* des plus cruels revers,
Je venois dans ces murs pour y trouver des fers.

Toutes ces réflexions, qu'il ne cesse de faire, pouvoient avoir lieu lorsqu'il s'est vu emprisonner ; mais à présent que Summers vient de le quitter pour lui aller chercher des vengeurs, il ne doit s'occuper que de vengeance. M. de la Harpe avoit jetté son feu plus haut.

SCENE IV.

WARWICK, ELISABETH.

Dans cette scene, les Comédiens donnent une suivante à Elisabeth, parce qu'il ne seroit pas honnête qu'elle fût seule entretenir son amant dans la prison.

WARWICK, *appercevant Élisabeth.*

Quoi ! Madame, c'est vous.

Warwick est comme certains amans que je connois ; il ne pense à sa maîtresse que quand il la voit. Il y a deux heures qu'il fait des réflexions, & il n'a pas encore songé à elle, quoiqu'il soit en prison uniquement à son occasion. Si Warwick étoit heureux, je lui pardonnerois d'avoir oublié sa Maîtresse pour quelques momens ; mais il est malheureux, & je demande si c'est dans l'adversité qu'on oublie ce qu'on aime ! Je crains bien que M. de la Harpe n'ait pas ici bien approfondi le cœur humain.

Un jeune Auteur sans expérience, & qui se sentiroit du talent, seroit charmé en secret de voir battre des mains à de pareilles pieces ; sûr de faire mieux, quand je voudrai, se diroit-il à lui-même, avec une impatience mêlée de joie, que ne dois-je pas attendre ? Ce que vous devez attendre, lui dirois-je à l'oreille, je n'en sais trop rien ; mais craignez que ce qui vous réjouit ne soit précisément ce qui devroit vous affliger (1).

WARWICK.

Le tyran qui m'outrage
Me permet ce bonheur *que votre amour partage.*
Il n'en est pas jaloux. C'en est fait, je le vois.
Vous voulez me laisser *un adieu lamentable.*

---

(1) Qu'on se rappelle que Racine a été sifflé.

Pourquoi ne pas dire *pitoyable*? M. de la Harpe ne se sert jamais du mot propre.

> Et puisque je vous vois; sans doute il faut mourir.

Voilà une drôle de conséquence. C'est tout au plus ce qu'il pourroit dire si c'étoit un Capucin qui entrât (1).

Elisabeth répond:

> Non, d'un sort plus heureux j'apporte le présage.

Je ne vous dirai point, Monsieur, quel est le présage de ce sort; car Elisabeth ne nous apprend autre chose, si-non que le Roi promet de ne pas la forcer à l'épouser; mais qu'il ne veut pas non plus que Warwick l'épouse. Il y a apparence qu'il veut en faire une Religieuse, & que c'est-là ce qu'Elisabeth appelle le présage d'un sort plus heureux. Warwick n'est pas satisfait, comme de raison, de cet arrangement. Il s'emporte.

ELISABETH.

> Et vous-même, êtes-vous sans allarmes?
> Hélas! songez qu'ici sans pouvoir & sans armes.
> Je frémis.

Oui, dit Warwick, je sais qu'il peut disposer de ma vie.

> Je recevrai la mort sans en être étonné,
> Mais je mourrai du moins sans avoir pardonné.

Quelle vengeance théâtrale! C'est le mot de l'enfant, qui, pour se venger de ses camarades, vouloit se coucher sans bonnet.

---

(1) Les Capucins sont chargés presque par-tout d'accompagner les criminels au supplice.

Hé, pardonnez, cruel, à votre triste amante.

Réplique Elisabeth : sans doute qu'elle se sent coupable. Mais pour moi je ne sais ce qu'elle veut que Warwick lui pardonne ; & certainement M. de la Harpe ne le sait pas plus que moi.

Ah ! prévenez enfin les maux que je redoute.
Je lis dans votre cœur. *Je sais ce qu'il en coûte,*

Pourquoi faire ? Je n'en sais rien encore. Si elle veut dire, qu'elle sait ce qu'il en coûte pour s'énoncer clairement, elle a raison ; car elle n'est pas heureuse dans ses expressions. — Elle continue, & dit à son Amant qu'un mot peut appaiser Edouard.

Lui-même il a paru commander à sa flamme.
Warwick ne sauroit fléchir.

N'attendez pas de moi *cet effort impossible ;*
Dans mon abaissement je suis plus inflexible.
Je vois tout mon outrage, & je hais sans retour.
Laissez-moi cette haine, ou m'arrachez le jour.

Eh bien, lui dit Elisabeth, qui le voyant en colere, s'y met aussi ;

Hé bien, c'en est donc fait.....
Tu brûles d'assouvir ta fureur meurtriere.
Va, nage dans le sang.....

Elle oublie qu'il est en prison, & qu'il n'y a rien à craindre de lui.

Va, je ne combats plus
Cet orgueil insensé qui flétrit tes vertus ;
Va, cruel, vas chercher des triomphes coupables.

Un triomphe n'est jamais coupable, c'est le Triomphateur qui peut l'être. Il ne faut pour-

tant pas désespérer de voir bientôt nos élégans
parler ainsi; & l'on peut dire, à la louange de quelques Ecrivains qui ont donné le ton, que cet
usage commence à s'introduire avec succès. Il
n'y a pas long-tems que dans un Auteur connu
à la Cour & à la Ville, j'ai vu *des épées en fureur*. Il ne nous reste plus qu'un pas à faire pour
les voir rougir de honte comme du tems de
Théophile (1). Ce qu'il y a de singulier, c'est
que nous continuerons à rire des écrits de ce
tems-là, sans nous appercevoir que la plupart
de ceux qui ont la vogue de nos jours font cent
fois plus ridicules.

Mais apprends qu'à ce prix je ne peux être à toi.

Que veut Elisabeth? Veut-elle que Warwick
renonce à elle? Ne le veut-elle pas? Qu'elle
s'explique & qu'elle dise les moyens qu'il faut
prendre. Cette scene est une image des trois
quarts de nos pieces modernes; où les Acteurs
s'agitent, pleurent, gémissent sans savoir pourquoi; comme ces enfans que nous voyons quelquefois crier dans les bras de leurs nourrisses,
sans que personne puisse deviner ce qu'ils ont,
ni ce qu'ils veulent.

Il seroit à souhaiter que l'usage vînt de crier
au Parterre comme au Barreau, *au fait*, *Avocat*.
Nos Auteurs se tiendroient peut-être à l'avenir
un peu mieux sur leurs gardes, & ne viendroient
pas si souvent, hors de propos, nous fatiguer
les oreilles pendant deux heures pour avoir oc-

---

(1) Ah! voici le poignard, qui du sang de son maître
S'est souillé lâchement; il en rougit, le traître.
PYRAME & TISBÉ.

cafion de placer par-ci par-là quelque image &
quelque maxime cent fois rebattues, & à coup
fûr toujours mal appliquées. — Notre Elifabeth
pourfuit :

> C'en eft fait, & je veux *à mon heure fuprême*,
> Maudire, en expirant, Edouard & toi-même.

C'eft bien cela, de n'en faire aucun de jaloux.
Ce n'eft pas tout, elle veut encore à *fon heure
fuprême* maudire le fort.

> Le fort, le fort affeux qui m'accable aujourd'hui,
> Et l'amant plus cruel, plus barbare que lui.

Warwick, effrayé de fes malédictions, s'écrie :
arrête. A-peu-près comme Argant, qui croit
déjà reffentir tous les maux que M. Purgon, fon
Médecin, lui fouhaite pour avoir négligé de
prendre fes remedes.

> .... Ceffe d'accabler une ame anéantie,
> Vas, je ne hais plus rien que moi-même & la vie.
> Eh bien ! va donc trouver ce tyran, cet ingrat,
> Va demander pour-moi *dans mon horrible état*,
> Non le pardon honteux qui *m'indigne & m'offenfe*,
> Mais dis-lui que Warwick ....
> Qui n'a de fes travaux rien voulu pour lui-même,
> Malheureux, & pleurant d'avoir vécu trop tard,
> Pour prix de fes bienfaits lui demande un poignard.

Je fuis bien trompé fi M. de la Harpe, en
finiffant cette tirade, ne s'eft pas dit comme le
Sofie de Moliere :

> « Pefte, où prend mon efprit toutes ces gentilleffes »!

En effet, quoi de plus gentil que de dire à fa
Maîtreffe d'aller trouver le Roi pour lui deman-

der un poignard, comme si c'étoit lui qui les
fabriquât & qu'il en eût seul la clef.

Cette scene ne seroit pas prête à finir; mais
un Officier vient la terminer.

SCENE V.

WARWICK, ELISABETH, *l'Officier.*

L'OFFICIER.

Auprés du Roi, Madame, il faut me suivre.
Ses ordres sont pressans.

Elisabeth sort avec l'officier, & Warwick
reste seul.

SCENE VI.

WARWICK, *seul.*

Si Monsieur de la Harpe avoit connu la mar-
che des passions (sans cette connoissance point
de Tragédie), c'est ici qu'il nous l'auroit fait
voir dans Warwick. Comment! on vient chercher sa Maîtresse pour la mener auprès de son
Rival, & il n'en témoigne aucune inquiétude
après qu'elle est sortie? *Les ordres sont pressans,*
& il n'en présage rien de sinistre; il ne lui vient
pas seulement dans l'idée, si c'est pour la conduire aux Autels qu'on est venu la chercher? Si
Summers, qui ne vient point, n'a pas été dé-

couvert & arrêté? Si pour prix de son zele, il n'est pas maintenant sur un échaffaut, &c. A quoi s'amuse-t-il donc, me direz-vous? A quoi il s'amuse? A regarder une lanterne qui est suspendue dans la prison, pour nous faire ensuite observer les divers effets de sa lumiere.

> De momens en momens ce flambeau ténébreux,
> Qui luit si tristement dans l'épaisseur des ombres,
> Verse un jour plus funebre & des lueurs plus sombres.

Quelle pitié! Voulez-vous savoir si un Auteur a du talent pour le Théâtre? Observez-le dans une situation un peu forte. S'il n'a pas, comme dit Boileau, *senti du Ciel l'influence secrette*, il aura beau se battre les flancs, il sera écrasé par son sujet, & il ne dira rien de ce qu'il devoit dire. Si au contraire il a réellement du talent, plus les difficultés seront grandes, plus il brillera. Les plus belles scenes de nos Maîtres, sur-tout du grand Corneille, sont celles qui étoient les plus difficiles à traiter, & cela devoit être. Le vrai génie est semblable à un coursier vigoureux & paisible, qui dans un chemin uni semble quelquefois s'oublier; mais si la terre vient à lui manquer, il s'élance; ce n'est plus le même, & les obstacles qui paroissoient devoir l'arrêter, ne servent qu'à lui faire connoître ses forces, & à le rendre plus superbe.

SCENE VII.

WARWICK, SUMMERS.

SUMMERS.

AMI, prenez ce fer. Soyez libre & vainqueur.

WARWICK.

Tout est donc réparé. *Cher ami, quel bonheur!*

Warwick se dispose à marcher vers Edouard; mais un remord de conscience l'arrête; & au lieu de l'aller combattre, il sort pour l'aller secourir. Vous ne vous seriez pas attendu, Monsieur, que Warwick, après avoir tant parlé de vengeance, eût changé tout-à-coup de résolution, sur-tout sachant sa Maîtresse renfermée dans le Palais avec son rival; car Summers le lui a dit:

On assiege Edouard allarmé,
Avec Elisabeth au Palais renfermé.

Cette idée, au lieu de l'appaiser, auroit dû le rendre furieux. On ne dira certainement pas que Warwick soit jaloux; il annonce toutes les qualités nécessaires pour faire un bon mari. Je ne sais pas même s'il ne pousse pas la complaisance un peu trop loin; car quelque mauvais plaisant pourroit bien lui reprocher de n'avoir été repousser les ennemis du Roi que pour lui favoriser un plus libre entretien avec sa Maîtresse.

Une chofe qui m'a toujours encore choqué dans cette fcene, c'eft l'audace avec laquelle Warwick tranche du généreux, fans favoir s'il auroit eu le deffus. Car enfin il doit bien penfer qu'Edouard, tout Edouard qu'il eft, aura pris quelque mefure pour fe défendre, lui qui a fçu fi bien commencer par s'emparer de fa Maîtreffe. Warwick femble s'être condamné lui-même deux fcenes auparavant. Peut-être que l'on peut, nous a-t-il dit,

> Maître de fa vengeance.
> D'un ennemi vaincu dédaigner l'impuiffance ;
> Peut-être l'on préfere, avec quelque plaifir,
> L'orgueil de pardonner à l'orgueil de punir.

D'après ce principe, vous voyez bien, Monfieur, qu'il fe preffe un peu trop de pardonner ; mais il tardoit à M. de la Harpe de lui faire dire ce vers :

> Et je veux le punir à force de bienfaits.

Parce qu'il favoit qu'il feroit applaudi. Rendre le bien pour le mal eft un précepte fi beau, que de quelque façon qu'on le mette en pratique, on eft fûr d'enlever tous les fuffrages, pourvu toutefois qu'on ne laiffe pas penfer que c'eft l'orgueil de pardonner qui l'emporte fur l'orgueil de punir.

Fin du quatrieme Acte.

ACTE V.

SCENE PREMIERE.

ELISABETH, en attendant qu'on lui apporte des nouvelles de ce qui se passe, fait ici un monologue de douze vers. M. de la Harpe aime furieusement les monologues. Voici le huitieme, grands ou petits, qu'on trouve dans cette Piece.

> O Ciel! ô jour d'horreur!
> Le fatal ascendant qui me suit & m'opprime,
> A mes yeux, malgré moi, traîne enfin dans l'abîme
> Deux amis, deux héros, *l'un de l'autre admirés.*

Il est vrai que Warwick doit beaucoup admirer Edouard, car il est admirable.

SCENE II.

ELISABEH, SUFFOLK.

SUFFOLK.

AH! Madame,
Aux transports de la joie abandonnez votre ame.
Jouissez d'un bonheur que vous n'attendiez pas.
Jamais un jour plus beau n'a lui sur ces climats.

ELISABETH.

Quoi! Warwick? achevez.

Quand elle auroit son amant encore plus présent à l'esprit, peut-elle en conscience dire: *quoi! Warwick?* tandis que Suffolk ne lui en parle pas, & qu'elle ne sait pas encore ce qu'il veut dire. Aussi-bien pouvoit-elle s'écrier, *quoi? Charlemagne?* Si Sufforlk avoit seulement prononcé son nom, & qu'Elisabeth l'eût interrompu pour dire: *quoi! Warwick? achevez;* on y auroit reconnu la nature. M. de la Harpe vise toujours au-delà, & cela ne me suprend point. Le propre de ceux qui veulent jouer le sentiment est de dire plus qu'il ne faut (1). Ecoutons Suffolk, qui sans s'arrêter à chicaner là-dessus comme nous, poursuit bravement son discours, & raconte les exploits de Warwick.

> . . . . . Ses paroles, ses traits,
> Cet aspect si puissant, & si cher aux Anglois,
> Le feu de ses regards, *cet ame grande & fiere,*
> *Cette ame sur son front respirant toute entiere;*

Cela devoit être beau, qu'une ame qui respiroit toute entiere sur un front. La Faculté étoit en peine depuis long-tems pour lui trouver une place, voilà M. de la Harpe qui l'a lui a assignée.

> Du parti d'Edouard tout le peuple se range.
> Quelques mutins encor dans leur rage obstinés,
> A combattre, à périr semblent déterminés.
> Warwick le fer en main, les frappe & les renverse.

ELISABETH.

Vient-il?

---

(1) Remarquez encore que Suffolk est un Favori d'Edouard, & que quand son Maître viendroit de faire pendre Warwick, il pourroit encore dire:
Jamais un jour plus beau n'a lui sur ces climats.

SUFFOLK.

Vers la Thamise il pourfuit Marguerite.
Voici le Roi.

SCENE III.

ELISABETH, EDOUARD.

ELISABETH.

A H ! partagez ma joie !
Sire, après tous les maux où mon cœur fut en proie,
Hélas ! j'ai bien le droit de fentir mon bonheur.

On a toujours ce droit quand on eft heureux.
Amenaïde, dans une pareille fituation (1), dit,

Ce bonheur m'eft bien dû.

Voyez, encore un coup, comme M. de la
Harpe réuffit dans fes imitations.

D'applaudir au Héros, *fi digne de mon cœur.*

D'un cœur tel que le mien, fi digne de mon cœur,
Elifabeth paffera bientôt Warwick.

EDOUARD.

A la loi du traité je fuis prêt à me rendre.
Il mérita vos vœux, je ceffe d'y prétendre,
Je commande à l'amour.

Ne lui commande pas qui veut auffi aifément.
Il eft vrai qu'à Edouard rien ne lui coûte.

---

(1) Je ne me trompe point en difant dans une pareille fituation, car toutes ces dernieres fcènes font calquées fur le cin-
quieme acte de Tancrede.

S C E N E I V.

EDOUARD, ELISABETH, MARGUERITE, GARDES.

VOICI Marguerite, qui, toute prisonniere
qu'elle est, vient encore les braver.

Le destin me ramene à tes yeux.
Tu me revois *captive*, & pourtant *triomphante*.
Warwick est ton ami, Warwick est ton amant,
Frémissez tous les deux dans ce fatal moment.
Il meurt.

ELISABETH.

Warwick !

EDOUARD.

O Ciel !

MARGUERITE.

Et j'ai *proscrit sa vie.*

Cet hémistiche lui seul vaut un Poëme épique:
l'*Et* sur-tout est admirable. *Il meurt*.....*Et
j'ai proscrit sa vie.* Je ne sais, Monsieur, si
vous serez de mon avis; mais pour moi j'aime-
rois mieux avoir fait cet *Et* que tous les *ho, ho,*
de Mascarille. Je regrette seulement que l'Auteur n'ait pas mis.

MARGUERITE, *faisant la révérence.*

Et j'ai proscrit sa vie.

Vous ne sauriez croire, Monsieur, combien
Dans ce moment une révérence faite avec
grace auroit répandu de l'intérêt sur cette scene.

De fideles amis ont servi *ma furie*,
Toi seul es plus heureux, toi seul m'es échappé.

Mais tu peux le venger, & tu peux méconnoître
Les droits des Souverains. Tu n'es pas né pour l'être.

Ceci est du sérieux, car il semble qu'elle a le droit de faire assassiner les gens ; & que si Edouard l'en punissoit, il méconnoîtroit les droits des Souverains. Enfin après lui avoir dit *son fait*, elle se retire fort tranquillement à son ordinaire, c'est-à-dire, sans que nous sachions où elle va. M. de la Harpe n'aime gueres à contenter la curiosité des Spectateurs ; il n'auroit pourtant pas été tout-à-fait inutile de le faire ici. Que les Gardes aient arrêté Marguerite & l'aient menée devant le Roi, il n'y a là rien qui ne soit vraisemblable, parce qu'on suppose qu'ils vont prendre ses ordres ; mais que Marguerite se retire sans qu'Edouard ait rien ordonné, & que d'imbécilles gardes la suivent sans savoir où ils la menent, c'est ce qu'on ne pardonneroit pas à un joueur de marionnettes du Pont-neuf. Jugez donc, Monsieur, à un Juge du Parnasse ! Il seroit plaisant qu'un des gardes, embarrassé tout-à-coup en sortant, de la conduite qu'ils doivent tenir, revint brusquement sur ses pas demander à Edouard, *à propos, Sire, qu'en ferons-nous.*

Voilà bien des observations, Monsieur, que nous avons faites jusqu'ici ; que seroit-ce donc si je vous avois entretenu des Barmécides, de Mélanie, de Pharamond, de Gustave, de Timoléon, de Menzikoff & autres productions de M. de la Harpe, que personne ne connoît, excepté les Libraires qui les ont dans leurs magasins ? Mais *ceux qui sont morts sont morts*. Revenons à Warwick qui n'a pas long-tems à vivre.

SCENE

SCENE DERNIERE.

Les Acteurs précédens.

WARWICK, porté sur un brancard par des Soldats, comme Tancrede, vient finir la Piece.

ELISABETH, *appercevant Warwick.*

Warwick, *cœur noble & malheureux !*

Cœur noble ! Comme c'est tendre ! & Edouard donc ?

Héros que j'ai chéri, que je perds par un crime !

Il est vrai qu'il auroit aussi-bien pu dire que je perds par une vertu. Peut-être même auroit-il mieux rencontré ; car enfin c'est une vertu que de défendre son Prince, & Warwick meurt en le défendant. Enfin Warwick expire en disant à Edouard de ne pas l'oublier.

Voilà, Monsieur, ce que j'avois à vous dire sur ce chef-d'œuvre de quarante-deux pages, ce qui fait environ les deux tiers d'une Piece ordinaire. N'allez pas croire que je blâme M. de la Harpe d'avoir fait sa Piece si courte, au contraire, je lui en fais très-bon gré ; mais puisqu'il n'avoit pas autre chose à dire, il pouvoit aussi-bien la donner en trois Actes. A quoi bon multiplier les vignettes sans sujet ? Sans doute que M. de la Harpe s'apperçut qu'au Théâtre les lauriers de Melpomene ne tomboient qu'à-demi sur l'Auteur d'une Piece en trois Actes, &

E

il voulut faire la fienne en cinq; comme ces Marchands ruinés, qui pour cacher au public le mauvais état de leur magafin, font plufieurs paquets du peu de marchandife qu'ils ont.

Si malgré tout cela cette Piece fe joue encore, & fi elle a fes partifans; que dirons-nous? Que Pradon a occupé la fcene Françoife tant qu'il a vécu, & a eu pendant fa vie plus d'applaudiffemens que Racine. Pourquoi cela? Parce.... parce.... parce.... &c. &c. &c.

J'ai l'honneur d'être, &c.

F I N.

www.ingramcontent.com/pod-product-compliance
Lightning Source LLC
LaVergne TN
LVHW022019080426
835513LV00009B/785